HOLY-ROOD

ET

SES HOTES.

IMPRIMERIE DE THÉODORE PITRAT.

HOLY-ROOD

ET

SES HOTES.

LYON,

CHAMBET FILS, LIBRAIRE, QUAI DES CÉLESTINS ;
ROUBIER, LIBRAIRE, PLACE LOUIS-LE-GRAND ;
CAMET, RUE DE LA CAGE ;
SAUVIGNET et C.ie, LIB., GRANDE RUE MERCIÈRE ;
PITRAT, IMPRIM-LIB, PLACE DE LA PRÉFECTURE.

1832.

AVERTISSEMENT.

Quelques Français *courtisans du malheur*, ont eu la douce consolation de visiter les augustes exilés d'Holy-Rood. Ils ne pouvaient s'arracher à l'indicible spectacle que leur offraient tour-à-tour l'enfant adoptif de la patrie , réalisant chaque jour les espérances qu'il a données , et ses infortunés parens subissant , pour la troisième fois , avec une ré ignation héroïqne , l'adversité qui les accable : ceux même à qui la curiosité, plutôt que l'affection, a inspiré ce pélérinage ont été forcés de saluer, dans le palais des Stuarts , le messie d'un grand pays et de rendre hommage aux nobles vertus dont ils ont été les témoins.

Aussi rien n'est touchant comme les récits des voyages à Holy-Rood; on les lit, on les relit encore avec le même empressement, et jusqu'aux moindres détails tout excite le plus vif intérêt ; il semble qu'on y cherche le sort de la France ! Ces divers récits ont chacun leur mérite, leur intérêt particulier. Ils concordent sur les faits généraux, sur les jugemens qu'ils émettent ; mais les derniers publiés ajoutent aux autres des incidens nouveaux, des traits récens, toujours quelque chose qui confirme le passé et promet davantage pour l'avenir.

Nous avons pensé qu'il serait à propos de réunir en un seul ouvrage, en les coordonnant toutefois dans une distribution régulière, les traits les plus saillans de ces divers récits.

Ceux qui les ont lus y verront l'ensemble de leurs souvenirs et ceux qui ne les connaissent pas encore seront dispensés de les lire en les retrouvant tous réunis.

Le titre de ce recueil est sa meilleure recommandation, mais en annonçant que le produit de la vente en est destiné à une œuvre de bienfaisance, nous sommes assurés qu'il sera acueilli avec empressement par tous nos concitoyens.

Ainsi, c'est à la jeune héroïne dont toute la France redit les bienfaits, à celle en qui les arts et l'industrie trouvèrent toujours une protectrice aussi généreuse qu'éclairée ; c'est à l'aimable et belle Mademoiselle qui, des biens qu'elle a perdus ne regrette que ceux qu'elle avait consacrés à secourir *ses pauvres petites filles de France* ; c'est à notre jeune Henri, qui chaque mois partageait les mêmes plaisirs avec de vieux soldats ou de pauvres enfans orphelins comme lui ; c'est enfin à cette royale famille de St-Louis, exilée sur la terre étrangère, que nous devrons encore l'inestimable bonheur de sécher quelques larmes et d'adoucir quelques souffrances.

Lyonnais, c'est à votre cœur bienfaisant que nous recommandons ce petit ouvrage ; nous l'offrons spécialement à ce sexe aimable et sensible, seconde providence des malheureux, qui fait le plus bel ornement de notre cause par son active charité autant que par sa fidélité à d'illustres et royales infortunes.

CHAPITRE PREMIER.

Holy-Rood.

Holy-Rood est un vaste palais, situé à une des extrémités de la vieille ville d'Edimbourg ; une place le sépare du triste et sale faubourg de la Canongate. La nature lui a donné des environs pittoresques. Le parc royal qui l'entoure, renferme dans son enceinte deux belles montagnes, *Arthurs'seat* et Salisbury Craggs dont le voisinage et l'aspect singulier donnent beaucoup d'intérêt à ce séjour. Les vieillards des siècles passés, n'ont pas eu la générosité d'y planter un arbre et ceux d'aujourd'hui ne s'occupent pas de préparer cet agrément à leur postérité. A l'exception d'une demi-douzaine de troncs qui se creusent , et d'une haie qui aspire à la terre , tout est nu et présente l'image de la désolation. Holy-Rood est immédiatement entouré d'une prairie semée de pierres , où des femmes à pieds nus, viennent faire sécher leurs linges ; enfin un enclos d'environ un arpent sur le derrière du château , abandonné en grande partie aux mauvaises herbes, complète le triste entourage de l'antique palais des Stuarts et de l'asile des Bourbons.

Quatre tours rendent la façade du palais belle et imposante ; les armes du roi d'Ecosse surmontent et décorent la porte d'entrée. La façade opposée terminée d'un côté par les ruines de la chapelle royale est entièrement moderne. C'est-là que sont placés les appartemens de Charles X et de monseigneur le duc de Bordeaux. Tout près est le pavillon de

Marie Stuart, (1) qui est encore dans le même état où l'a laissé la belle et malheureuse reine, en le quittant pour aller à la prison et ensuite à l'échafaud. En contemplant ces meubles vermoulus, ces murs, ces plafonds noircis, ces ciselures en chène rongées de vers, ces rideaux et ces tapisseries en lambeaux où toutes les couleurs se sont confondues en un gris cendré, ces restes enfin

(1) C'est là qu'heureuse encore, Marie donnait quelques regrets aux rives de la Seine qu'elle n'avait pas laissées sans les arroser de ses larmes. C'est là qu'elle chantait ces jolis vers qu'elle fit en quittant la France, après la mort de son époux François II.

Adieu plaisant pays de France !
  O ma patrie
  La plus chérie,
Qui as nourri ma jeune enfance !
Adieu France ! Adieu mes beaux jours !
La nef qui disjoint nos amours,
N'a eu de moi que la moitié.
Une part te reste, elle est tienne,
Je la fie à ton amitié,
Pour que de l'autre il te souvienne.

C'est Henri qui redit aujourd'hui ces touchans adieux.

qui reclament aussi leur urne, on re-
passe dans son ame émue les longs malheurs de la plus ravissante des femmes,
de Marie, fille, femme et mère de Roi;
on dirait que les infortunes ont consa-
cré cet asile à la douleur et à la pros-
cription.

Les appartemens de la famille royale
sont vastes et beaux; mais on y remar-
que l'absence totale du moindre luxe;
tout se ressent de la triste situation des
hôtes infortunés qui habitent Holy-Rood.
Comment auraient ils du luxe et des su-
perfluités, eux qui manqueraient peut-
être du nécessaire sans de généreux se-
cours. Ils ont laissé à la famille Bona-
parte la plus libre disposition de sa for-
tune bien ou mal acquise; ils ont acca-
blé d'apanages et de bienfaits la famille
d'Orléans; et une grande partie de leur
biens, de ceux de deux orphelins es
sous le poids d'un infâme sequestre
leurs malheureux pensionnaires, leur

domestiques et leurs fournisseurs sont réduits à la misère, au désespoir, au suicide.

CHAPITRE II.

Charles X.

Un journal à la solde d'un parti qui n'a pour principe que le mensonge et l'égoïsme, a eu l'impudence de dire que *l'anarchie régnait* dans *Holy-Rood*; qu'il y *avait trois rois bien comptés*; que Charles X et son fils prenaient tous deux le titre de majesté ; que lorsque le duc de Bordeaux paraissait, on annonçait le roi et qu'enfin ces trois royautés avaient de la peine à s'entendre. Rien n'est plus faux ; la plus parfaite union règne dans le palais de l'exil. Monseigneur le Dauphin et le duc de Bordeaux y sont traités comme ils l'étaient en France. Charles X porte seul le titre de roi, bien qu'il n'ait aucune marque distinctive, pas même un ruban à sa boutonnière : la majesté royale brille encore sur sa tête blanchie, découronnée et courbée sous le poids de l'âge. Le titre et le caractère de roi ne se quittent pas comme un vêtement ; ils laissent une marque indélébile que le tombeau seul efface ; et encore des cendres royales ont quelque chose de sacré qui en impose aux peuples.

Charles X est toujours un modèle de bonté, de grâce et de dignité. Son attitude est ce qu'on voudrait qu'elle fût ; sérieuse, mais calme et noble ; pas un mot d'amertume ne sort de sa bouche, et qu'on le sache bien, ce roi proscrit paraît moins touché de ses propres infortunes que de celles qu'il ne peut pas soulager. Cependant si on voulait en croire ses ennemis et les bruits absurdes que l'autorité laisse débiter, il méditerait dans son exil d'affreux projets de vengéance, il ne songerait qu'à allumer en France le feu de la guerre civile. Ah! n'est-ce pas assez de l'avoir proscrit, on veut encore le calomnier? Charles parle de la France, de sa position, de la misère du peuple, il fait des vœux pour son bonheur. Ce prince a abdiqué; c'est un sacrifice qui lui a coûté peu; il l'a fait au bien de son pays; mais sa pensée ne peut se porter sans regret vers le tems où sa famille et lui distribuaient chaque année neuf millions en pensions et en bienfaits. Quand de toutes parts il apprend la détresse du peuple qui fut le sien, il s'afflige d'être réduit à le plaindre. Oui, il fut prodigue; voilà pourquoi il est aujourd'hui si pauvre : il fut prodigue et les pauvres surtout le savent bien, eux dont une grande partie de la liste civile était en quelque sorte le patrimoine.

CHAPITRE III.

Le Dauphin et la Dauphine.

Le Dauphin, ce prince si méconnu, ce fils si dévoué, ce sujet, hélas ! si obéissant est ce qu'il n'a cessé d'être pour ceux qui l'ont apprécié, un bon Français, un véritable ami de son pays. S'il nomme ceux qui ont été les plus hostiles à sa famille, c'est sans aigreur, sans la moindre récrimination, en témoignant l'espoir qu'un jour peut-être ils seront moins injustes envers elle, *quand ils auront fait une plus grande expérience des hommes et des choses :* Mot profond et plein de sens dont chaque jour démontre la justesse.

Que les ennemis de la fille infortunée de Louis XVI soient contens, cette princesse est profondément affligée ; elle a perdu le noble courage qu'ils étaient eux-mêmes obligés d'admirer. Naguères la bienfaisance l'aidait à se consoler de ses malheurs ; aujourd'hui cette consolation lui manque ; elle n'a plus rien à donner. On craint de lui parler de la France et c'est de la France qu'elle parle toujours; elle ne peut voir un Français sans pleurer et sans sangloter; les *Français* sont *inconstans* : voilà la seule expression que lui permette sa douleur ; jamais elle ne prononce le mot d'*ingratitude*, pas même contre ceux qui furent comblés de ses bienfaits ou honorés de son pardon ; c'est qu'à Holy-Rood on ne sait pas haïr.

De tems à autre on y parle de Louis-Philippe, et ce qui étonnera peut-être, on y parle de lui sans aigreur et avec une grande impartialité. Ainsi on ne lui attribue pas cette odieuse et ridicule protestation qui, à l'époque de la naissance du duc de Bordeaux, parut dans les journaux anglais, et qu'après la révolution de juillet on a entendu crier sous les fenêtres du Palais-Royal; en effet, il suffit de la lire pour se convaincre qu'il n'en est point l'auteur, et qu'on ne peut, sans lui faire une grossière injure, lui imputer de si dégoutantes absurdités. Cette ignoble pièce est sans doute l'ouvrage d'un sot et imprudent ami ; et si cet ami est aujourd'hui auprès du roi-citoyen, je conseillerais fort à sa majesté de l'éloigner et de donner sa place à un sage ennemi qui le servirait mieux.

Que la naissance du duc de Bordeaux qui nous a tant réjouis n'ait pas été agréable au duc d'Orléans, je le conçois ; il n'aime point à perdre et il perdait tant ce jour-là qu'il ne pouvait être de bonne humeur. On voit même dans les souvenirs de M. de S.*** que son altesse ne put cacher, quand elle vint au château, le déplaisir que lui causait cet événement; mais comme le dit, le lendemain, Mademoiselle Adélaïde à Madame de Gontaut : « Il faut pardonner à un premier mouvement bien naturel, on ne perd pas sans regrets une couronne pour ses enfans ». Un peu plus tard, M. le duc d'Orléans disait à cette même dame « vous ne croyez pas à mon intérêt pour cet enfant, vous avez tort; j'ai *pour lui le plus vif attachement* et je le lui prouverai *dans toutes les occasions.* Madame la duchesse de Berri n'en doutait pas, puisqu'elle disait souvent: « ce sont de si bonnes gens que ces d'Orléans.» Je suis bien sûr que Mademoiselle Adélaïde portait aussi, elle, un très-vif intérêt au duc de Bordeaux ; mais un des souvenirs de M. de S.*** nous ferait croire qu'elle aimerait encore mieux la sœur que le frère. Mademoiselle parlait un soir des anciennes prévenances de Mademoiselle d'Orléans, elle se souvenait du bon chocolat et des confitures qu'elle en avait reçus. « Pour moi, dit le duc de Bordeaux, je n'ai pas de pareils souvenirs à oublier. »

CHAPITRE IV.

La Duchesse de Berri et Mademoiselle.

Madame la duchesse de Berri a peu habité Holy-Rood, non point, à cause de différens survenus entre elle et sa famille, comme la malveillance s'est plû à le répandre, mais parce qu'elle ne pouvait supporter les vents et les brouillards qui règnent constamment à Edimbourg. Après avoir confié ses enfans à Madame la Dauphine, leur seconde mère, elle est allée demander aux bains chauds de Bath, et plus tard au soleil de sa patrie, la santé qu'elle avait perdue.

Quand madame habitait Bath, elle s'y faisait remarquer par sa simplicité. Il n'y a pas de négociant à Paris qui daignât se contenter de la maison qui lui suffisait. Il est vrai que les habitans n'en étaient pas nombreux ; c'était Madame de Bouillé, une seule femme de chambre,

(13)

un domestique et un homme qui faisait la cuisine, car je n'ose pas dire que Madame l'appelait son cuisinier. Mais qu'importe à Madame si son repas est frugal, si une seule lampe éclaire sa table et deux chandelles son escalier; que lui importe pourvu que les pauvres continuent d'être secourus et que son hospice de Rosny ne manque de rien? Elle donnait son superflu, elle partage son nécessaire! (1) L'amour des

(1) Nous parlons de la charité de la duchesse de Berri. N'est ce pas aussi le lieu de rappeler celle de son auguste époux.

Le duc de Berri renonça à l'achat de quelques tableaux qu'on proposait de lui vendre « j'ai réfléchi à votre proposition écrivit-il à M. D***. et j'ajourne l'emplette. Dans un tems où mes pauvres appellent ma sollicitude, je me reprocherais d'acheter si cher un plaisir dont je puis me passer. »

Les charités connues de Monseigneur le duc de Berri, dit M. de Chàteaubriand, se montaient à plus de 100,000 écus par an et beaucoup d'autres étaient cachées. On a calculé que ses aumônes réunies avec celles de la duchesse de Berri, pendant dix ans, se sont élevées à 1,338,851 fr., somme énorme pour un

lettres, la protection des arts et les doux plaisirs d'une ingénieuse bienfaisance avaient fait en France les charmes et l'occupation de la vie de Madame. Maintenant elle paraît livrée à des pensées plus élevées, à des réflexions profondes ; on croirait qu'elle se prépare à l'accomplissement d'un grand devoir. C'est toujours la même simplicité, la même grâce, mais il s'y joint quelque chose de plus grave. Madame qui pendant sa grossesse avait la confiance que le ciel lui accorderait un prince (2) ;

prince dont le revenu était au-dessous de celui de plusieurs généraux, banquiers et propriétaires. Il faut ajouter à cette somme les 500,000 francs que le duc de Berri donnait par an aux départemens qui avaient le plus souffert de la guerre, ce qui fait 2 millions dans le cours de 4 années, en tout près de quatre millions d'aumônes. Comparez ! Avant de partir pour l'opéra, le jour fatal où il devait périr, il venait d'ordonner l'envoi d'une nouvelle somme de 1,000 fr. pour les pauvres !

(2) Quelques jours avant sa délivrance, M.e la duchesse de Berri fit venir M. Deneux son accoucheur et lui dit : je sais que dans le cas d'une couche péril-

qui, dans les indispositions de son fils , n'a jamais rien pu voir d'inquiétant, n'a pas perdu sa foi dans la providence et dans l'avenir. Elle semble se dire : non ce n'est pas *en vain que Dieu m'a donné mon nom et mon Henri.* On retrouve en elle Marie-Thérèse et Blanche de Castille.

Mademoiselle ravit tous ceux qui ont le bonheur de la voir , par sa grace , sa bonté et son esprit. Elle a le don des langues , elle parle français , italien , allemand et anglais ; et tous les princes de l'Europe pourront se disputer un jour le bonheur de s'en faire écouter. Tous les jeudis, elle reçoit quelques personnes d'Edimbourg, et déjà elle fait , avec beaucoup de charmes , les hon-

_____

Jeuse l'usage est de sauver la mère, au risque de perdre l'enfant. J'ignore si le ciel me réserve un accouchement laborieux ; quelqu'il soit, souvenez-vous que l'enfant que je porte est à la France, en cas de danger n'hésitez-pas à le sauver , même aux dépens de ma vie. Ces paroles valent un trône.

neurs de la soirée. Sa plus douce occupation est de pratiquer avec son frère
la vertu qui est l'héritage des Bourbons,
la charité envers les pauvres.

« En allant prendre congé de Made-
» moiselle, dit l'auteur des Souvenirs, il
» nous a été impossible de retenir nos
» larmes, lorsqu'elle nous a chargés
» d'une commission pour ses petites fil-
» les de France. C'était un paquet renfer-
» mant quatre de ses robes sur lequel
» on avait écrit : *Pour mes pauvres pe-*
» *tites filles de France.*

LOUISE.

» Voilà ce que la proposition Bric-
» queville n'a pas prévu! Toutes les
» économies de Mademoiselle, toutes
» ses épargnes passeront en France; c'est
» là, qu'elle fait tout le bien qui lui est
» possible de faire. En la quittant, je lui
» disais que j'allais donner de ses nou-
» velles et qu'elles seraient reçues avec
» bien du plaisir; car les Français l'ai-

» ment beaucoup. *Ah ! s'ils nous ai-*
» *maient autant que nous les aimons !*
» m'a-t-elle répondu tristement. »

CHAPITRE V.

Le Duc de Bordeaux.

Mais les regards du voyageur se por-
tent surtout sur le dernier rejeton de la
tige de St.-Louis et de Henri V. Sa phi-
sionomie annonce la santé; tous ses mou-
vemens sont pleins de grace et de sou-
plesse ; tous ses gestes sont vifs et ani-
més; son nez aquilin est bien propor-
tionné; et ses lèvres loin d'être contrac-
tées comme celle de la sordidité et de
l'avarice, sont légérement entr'ouvertes
par le plus gracieux sourire Il a le caractère impétueux de son père, les graces
et la gaîté de sa mère, le bon cœur de
tous ses parens; je parlais tout à-l'heure
de Henri IV; c'est lui.

Ce fut une singulière idée quecelle de
ce prince qui choisit pour gouverneur de
ses enfans une femme qui passait pour
sa plus intime amie. Le premier malheur
d'une éducation ainsi dirigée était de
rapprocher les jeunes princes d'un père
qui préludait au crime par le vice, et de
les éloigner de la plus tendre et de la
plus vertueuse des mères. Madame de
Genlis, elle-même, s'est plu à nous ré-
véler dans ses ouvrages un autre incon-
vénient de ce choix bizarre, c'était le
désaccord continuel des personnes qui
concouraient à l'éducation. Le gouverneur femelle avait tantôt à se plaindre
d'une impertinence, tantôt à s'offenser
d'une déclaration d'amour. Partout elle
voyait des envieux ou des amans. Tout
était faux et romanesque dans ses systè-
mes. Sous prétexte d'augmenter leurs for-
ces physiques, elle livrait les jeunes princes à des travaux corporels qui excluaient
toute possibilité de grace et d'élégance; et

certes notre ravissante Mademoiselle ne serait pas aussi remarquée par les étrangers pour ses manières et son maintien, si Madame Gontaut lui eût fait porter des semelles de plomb et l'eût chargée d'une hotte comme mademoiselle d'Orléans.

Ce qu'il y a d'admirable dans l'éducation de monseigneur le duc de Bordeaux, c'est l'union des personnes qui en sont chargées, c'est leur choix heureux. M. le baron de Damas, M. de Maupas, M. de Lavillate, MM. de Barande et de Moligny travaillent, chacun dans leur sphère, à la perfection de l'ensemble ; jamais aussi il ne s'est rencontré un élève mieux fait pour en profiter.

Où trouver un gouverneur plus consciencieux, plus droit, plus ferme et en même tems plus constamment bon que M. le baron de Damas ? où rencontrer plus de douceur, plus de tenue et une plus aimable sagesse que dans M. de Maupas; plus de zèle, plus de dévoûment, plus de sollicitude presque maternelle et de loyauté militaire que dans M. de Lavillate? pour M. de Barande, ancien élève de l'école polytechnique, on ne pense pas qu'il y ait un homme au monde qui réunisse autant que lui le don de savoir à celui d'enseigner. M. de Moligny est connu; on sait quel attrait il donne à ses instructions et quelle est son habileté dans la conduite des jeunes ames.

Quelques personnes ont paru craindre que l'éducation du prince ne fût trop ascétique, et partant qu'elle le rendît, dans l'état actuel de la société, moins propre à apprécier les hommes et les choses. Mais qu'on se représente les hommes auxquels elle est confiée et qu'on s'entretienne quelque instans avec leur royal élève, on fait bientôt justice de ces prétendues sollicitudes et de ces injustes

(21)

préventions. Jamais éducation ne fut plus libérale dans l'honorable acception de ce mot.

Le prince se lève à six heures, et prend une leçon d'armes. Cet exercice lui plaît infiniment et il réussit à merveille ; déjà son maintien est assuré, ses poses fermes et élégantes. Le maître est un ancien militaire qui donne à sa leçon tout le sérieux désirable, et c'est avec une imperturbable gravité, que se prononcent tous les jours, à la même heure, ces paroles sacramentelles : *à vous, monsieur; je n'en ferai rien; ni moi non plus.* Après quoi on féraille. A la leçon d'armes, succède la leçon d'allemand; celle-ci est donnée par M. de Barande. Jamais monseigneur le duc de Bordeaux n'a entre les mains, ni grammaire, ni dictionnaire. Accoutumé à tout analyser, il décompose les mots, il en découvre les racines avec une promptitude singulière : et quoique de lui-même il mène de front l'étude de trois langues, le latin, l'allemand et l'anglais, jamais dans un âge aussi tendre, on ne s'aperçoit de la moindre confusion. Plus tard viennent les leçons de latin et de géographie. Toujours même perfection de méthode. Les événemens de juillet ayant interrompu les études de monseigneur le duc, il a fallu recommencer le latin sur de nouveaux frais; et déjà il explique facilement Quinte-Curce.

Mais ce qu'il y a de plus surprenant, ce qu'on n'imaginerait pas si on n'en avait pas été le témoin, c'est la perspicacité, la mémoire, je dirais même la profondeur de réflexion que déploie le jeune prince dans ses leçons d'histoire; on trouve chez lui, non une mémoire d'enfans, neuve, facile, ouverte en quelque sorte, mais une mémoire d'homme secondée par l'intelligence, appuyée sur le raisonnement; ces leçons lui sont communes avec celle de Mademoiselle,

Après avoir raconté les traits les plus saillans d'une époque ou d'un règne, après être entré ensuite dans des détails toujours intéressans dans sa bouche, M. de Barande commence ses interrogations. Il promène, pour ainsi-dire, Monseigneur et Mademoiselle à travers les siècles, les, pays, les peuples; et les réponses sont toujours promptes, justes et précises. Certes, si la science de l'histoire est la plus importante pour les princes, monseigneur le duc de Bordeaux est à onze ans, un de princes les plus instruits de l'Europe. Une petite discussion qui eut lieu un jour entre Monseigneur et Mademoiselle, en présence d'un voyageur, leur permit de montrer non-seulement l'étendue de leur mémoire, mais toute les ressources de leur esprit. Ce combat fut charmant, et tous deux en sortirent vainqueurs

Viennent ensuite les leçons d'anglais et d'équitation. Le manége est éloigné d'Holy-Rood ; mais Monseigneur s'y rend quelque tems qu'il fasse. On cherche à l'endurcir contre les fatigues et les privations pour en faire un homme, et si la providence le veut, un roi.

C'est le comte Oïgherty qui donne la leçon d'équitation. Monseigneur paraît avoir de grandes dispositions pour cet exercice comme pour tous les autres ; et avec un maître si habile, si dévoué, il est difficile qu'il ne fasse pas de rapides progrès.

L'abbé de Moligny est chargé de l'instruction religieuse. Le jeune Henri répond parfaitement au zèle et à la science du maître. Il y a place dans son cœur pour tout ce qui est bon, grand, généreux ; ce cœur bat déjà avec le même élan pour sa foi, sa patrie et l'honneur. Bien loin de lui farcir la tête d'idées d'ambition et d'orgueil qui ne pourraient que le rendre malheureux, soit qu'il reste dans l'obscurité de la vie, soit qu'il remplissé ses hautes destinées , on cherche à le rendre bon , sensible , ami de sa patrie , et n'honorant que le mérite et la capacité. On se garde bien de remplir son âme tendre de souvenirs amers ; ils ne serviraient qu'à lui faire haïr la France , qui répudie toute solidarité avec les bourreaux de Louis XVI et les assassins de Berri ? Ses instituteurs ne lui inspirent que l'aversion pour les vices , les courtisans et les incapables qui perdent les royaumes.

Les étrangers sont admis aux leçons de Monseigneur : c'est une heureuse idée qu'a eue le baron de Damas, de désirer que les personnes dignes de confiance , pussent approcher librement de son élève, juger son caractère et apprécier ses dispositions et ses progrès. Cette espèce d'éducation publique me paraît la seule qui convienne à un prince; il y trouve l'émulation sans la rivalité et la jalousie. Monseigneur le duc de Bordeaux ne peut que gagner d'ailleurs à être ainsi regardé de près. Un Français qui l'a vu pendant quinze jours presque continuellement, s'écrie à son sujet: « Tout » est miracle dans le prince, *son esprit* » *comme sa naissance, et on ne peut* » *s'empêcher de croire que ce n'est pas* » *sans de grands desseins que Dieu l'a* » *si étonnamment doué.* » Aussi monsieur Odillon-Barrot disait-il, à Charles X en le quittant: « *Sire, conservez bien ce royal enfant sur qui reposent les destinées de la France.* »

CHAPITRE IV.

Suite du duc de Bordeaux.

On devine souvent ce que sera l'homme aux saillies, aux traits, aux particularités de son enfance. Sous ce rapport, le duc de Bordeaux est jugé. Nous parlions tout-à-l'heure de sa passion pour l'histoire ; mille faits viendraient à l'appui de cette assertion.

Il était bien jeune encore, et suivait, sur une terre meilleure, les leçons de sa sœur ; son professeur racontait qu'Alexandre s'était endormi la veille de la bataille d'Issus : aussitôt le duc de Bordeaux prend sa plume et écrit *Alexandre --- Issus*. Enghien---*Rocroy*. L'auteur des Souvenirs d'Holy-rood rappelle à cette occasion qu'un jeune prince de sa famille, beaucoup plus âgé que le duc de Bordeaux, suivait un cours d'histoire et que, dans le moment où le professeur citait un de ces traits d'héroïsme qui commandent l'admiration, le prince qui paraissait très attentif saisit vivement son crayon. Un de ses voisins cherche à découvrir ce qu'il écrit : il dessinait un petit bonhomme.

Quel plus beau titre remarquez-vous dans les épithètes accordées par le peuple aux rois de France ? demandait à son royal élève M. de Barande, en terminant sa leçon. Quel plus beau titre, répéta l'enfant, et avant de réfléchir : d'abord celui de juste, et ensuite celui de père du peuple. Pourquoi pas celui de grand ? Parce qu'il est plus commun que les deux autres, répondit l'élève sans hésiter, et parce qu'on peut le perdre avant de l'avoir bien mérité.

Que pensez-vous de Napoléon, lui demandait un ancien officier de l'empire ? Qu'il eût été grand depuis le commencement de son règne jusqu'à sa mort dans l'exil, s'il eût pu retrancher quelques heures de son histoire. Lesquelles ? Une nuit à Vincennes. Vous avez servi, dit-il à son interlocuteur ? avec quel grade ? dans quel régiment ? sortez-vous de la garde ? J'ai été capitaine. Où avez-vous eu la croix ? A Vagram. Si jeune ? A dix-huit ans ; je n'ai pas servi depuis Waterloo. Vous y étiez, reprit l'enfant avec vivacité, assurément vous êtes un brave ! Et le capitaine s'inclina.

Que de faits révèlent ses inclinations, la bonté de son jugement et la vivacité de son esprit !

Il arriva qu'un jour l'un des enfans admis aux parties de course du prince eut l'adresse, après l'avoir fatigué, de le saisir au moment où le duc de Bordeaux croyait lui échapper, et de l'emmener prisonnier, pour lui faire subir la peine infligée par la règle du jeu. Il fut convenu que le prince obtiendrait grâce, mais il fallait qu'il la demandât à genoux. « *A genoux !* s'écria-t-il, en écartant avec force ceux de ses compagnons qui l'entouraient ; *On ne s'y me pas même devant le roi !* Le duc de Bordeaux *n'aura jamais de grâce à ce prix-là !* » Il avait alors sept ans.

Le roi et le Dauphin étant absens, et le duc de Bordeaux se trouvant le seul prince de la famille au château des Tuileries, c'était à S. A. R. à donner le mot d'ordre. M. de Damas ayant averti son élève du devoir qu'il allait avoir à remplir : « *J'y avais songé*, dit le jeune Henri. — *Et quel mot avez-vous choisi, monseigneur ? — Mais, en vérité, monsieur le baron, je ne puis vous le dire ; vous le saurez tantôt.* » Sur ces entrefaites, arrive l'officier supérieur de service pour demander l'ordre au gouverneur ; mais le jeune prince va au-devant de l'officier, qui s'incline ; et se dressant sur la pointe du pied, il lui dit à l'oreille : « *France ! fidélité !* »

Mgr. le duc de Bordeaux voyait un jour un officier dont les lèvres étaient ornées des plus remarquables moustaches : n'est-ce pas, Monseigneur, lui dit-on, que c'est une belle chose que des moustaches semblables ? Oui, répondit le jeune prince, des moustaches sont en effet fort belles ; mais se retournant avec vivacité vers M. de Lavillatte, je connais quelque chose de plus beau encore, c'est une balafre au milieu du visage, comme celle de mon cher de Lavillate; et il se jette au cou de son ami et baise cette noble cicatrice que déjà il sait bien apprécier.

Il est intéressant de le voir avec cet ancien militaire pour qui il paraît avoir une affection particulière. Quelquefois, debout sur une barrière, il attend au passage son cher petit dragon et saute d'assez loin sur ses épaules. Quelquefois il le défie à la course dans la grande pleine de Leith, en lui demandant une douzaine de pas en avant. Au tir au pistolet, il est d'une adresse remarquable et montre tant d'ardeur pour cet exercice que M. de Lavillate est obligé de l'entraîner lorsque le moment de se retirer est arrivé: Encore un petit coup, mon bon de Lavillate, et ce sera le dernier; oh! oui, le dernier.... si je ne manque pas.... le voilà manqué.... oh!

peut-on finir comme cela ? c'est impossible. Tenez, tenez, à coup sûr celui-ci ne manquera pas... et il sort tout rayonnant d'avoir une dernière fois atteint le but. Tout annonce qu'il aimera le feu et les armes.

On parlait devant lui d'un jeune homme dont la conduite coupable n'a pu trouver indulgence qu'à Holy-Rood. Il en paraissait indigné ; son ame se soulevait, et il le témoignait hautement. « Mais, mon fils, lui dit MADAME, remarquez que ce jeune homme a sans doute suivi l'impulsion de ses parens ; le condamnerez-vous pour avoir obéi ? Si je vous commandais une action qui vous parût contraire à l'honneur ou au devoir, est-ce que vous me désobéiriez ? --- *Tout de suite, ma mère*, s'écria le prince. »

Son âge, son sort, ses qualités brillantes lui gagnent l'amour et le respect du peuple écossais ; nous en avons un éclatant témoignage dans les honneurs qui lui ont été décernés par la noblesse de ce pays. Au mois de mars dernier, dans une réunion brillante des représentans de toutes les dynasties féodales de la vieille Ecosse où figuraient les ducs d'Argyle, d'Athos, de Montrose, les seigneurs de Sise, de Morton, de Campbell, le chef de Breadulbane aux plumes jaunes, et le duc d'Hamilton au tartan des Donglas, les titres, armes et priviléges de chef écossais furent unanimement décernés au jeune et précieux rejeton des Bourbons. Une députation fut chargée de lui présenter le costume et les marques de sa nouvelle dignité. «Je vous remercie, leur dit le jeune prince, de l'honneur que vous venez de me faire; mais avant d'accepter un titre qui me flatte et les insignes que vous m'offrez, je dois en connaître toutes les conditions; je ne suis point né sous le ciel de l'Ecosse; mon pays est la France, et je n'aurai jamais, du choix de mon cœur, une autre patrie ! --- « Puisse Dieu vous la rendre cette belle patrie ! interrompit le lord le plus âgé ; nous ne vous offrons point un échange, noble enfant ! l'hospitalité des braves se donne sans condition ! » Le prince reçut ensuite le manteau de Plaid, l'écharpe montée sur l'épaule gauche, le *Kelt*, le Sporan molloch ou bourse de cuir, garnie en filigranes d'argent, les jarretières à franges, les pistolets, la dague ou disk, la toque bleue du prince Charles Edouard, l'arc, enfin, et les flèches du montagnard. Le nouveau chef les remercia encore une fois des distinctions dont la noblesse écossaise voulait bien combler un exilé. « Veuillez, messieurs, leur dit-il, être les interprètes de ma vive reconnaissance : je vous promets de ne pas laisser en repos l'arc et les flèches. »

Depuis ce jour si honorable pour la noblesse écossaise, un des délassemens favoris de notre jeune guerrier, c'est de se servir des armes du montagnard nerveux.

Le frère et la sœur vont quelquefois sur la montagne d'Arthurs'seat, écouter les récits d'un vieux pâtre écossais, racontant avec orgueil l'histoire de ses vieux rois; ils entendirent un jour celle roi Robert III. « Il n'eut jamais, dit le pâtre, de défiance contre personne; il fut pour ses braves Clans d'Ecosse un père plutôt qu'un maître; et pourtant il y eut trahison! le traître était parent du roi; le plus proche du trône et de son cœur après ses fils; c'était le duc d'Albany. On dit que dans les familles princières cela se voit ainsi souvent. Robert ne soupçonnait rien; plusieurs fois il avait pardonné à ce duc perfide des tentatives contre sa personne sacrée. Caressant tous les mécontens qui naissent dans toutes les cours, s'abaissant jusqu'à mendier un salut qui lui était souvent refusé par le dernier ouvrier de la ville de Perth ; tenant à ses gages d'infâmes sicaires : telle était la conduite de l'ingrat Albany. Cependant, Robert vieillissait, et près de lui un fils brave et adoré grandissait pour l'Ecosse, le duc Roshsay. Albany détestait ce fils ; le duc de Roshsay était l'héritier de la couronne ; cela se conçoit.

» Un matin, l'Ecosse épouvantée apprit que le prince venait d'être assassiné et, d'une voix accusatrice et terriblement unanime, nomma l'assassin Albany. Robert III, le bon roi, avant de s'éteindre, après ce coup affreux, envoya son jeune fils, Jacques I.er, au beau pays de France, attendre le moment où son bras serait de force à porter le sceptre et l'épée. Et Dieu veilla sur le petit fils de Bruce. Mais, dans cette absence, Albany aux mains rouges de sang, tint le pouvoir suprême ; il ne le tint pas long-tems. L'Ecosse, honteuse de ce jeune et infâme usurpateur, insultait hautement à son avarice et à sa cruauté. Sa mémoire est restée en mépris. Le fils de ce prince indigne, *Murdac*, ne lui succéda qu'un instant et ce fut assez pour que l'Ecosse entière pût rire et montrer du doigt ce fils idiot d'un père que le montagnard appelle encore avec horreur : Albany le régicide ! Bientôt tomba cette puissance fondée sur le crime, et il ne fut pas besoin d'aider à sa chute; et quand fut aperçue la blanche voile qui rapportait Jacques, *le roi légitime*, l'Ecosse entière se leva et ses acclamations unanimes prouvèrent ses affections pour ses vieux rois. »

Le pâtre se tut. Le frère et la sœur se regardèrent émus ; puis se levant tous les deux, une seule question leur échappa: Et qu'arriva-t-il à Murdac ? Justice, répondit le pâtre d'une voix sombre; il fut décapité ! Ah ! c'est affreux, s'écrièrent ensemble les deux enfans; et le frère ajouta : Mac Comyn (c'était le nom du pâtre), ton histoire d'aujourd'hui ne vaut pas celle de ce Bruce qui ressemblait tant à Henri IV. Un règne qui commence par le bourreau mérite malheur. Et qu'eussiez-vous donc fait à la place de Jacques, murmura le pâtre mécontent de voir son héros déprécié? Grâce!... grâce au moins de la vie; c'est le plus beau droit de la couronne, et il est si beau d'en user !

Mademoiselle, au moment du départ de St-Cloud, vint rejoindre son frère : Ah ! Bordeaux, dit-elle, nos jouets si brillans et mon joli pavillon du Trocadéro, et tes belles voitures, et ton arsenal, et tes uniformes ; nous laissons pourtant tout cela. Je n'y pensais pas, ma sœur; mais une peine bien cruelle, c'est de quitter la France.

Un des voyageurs qui l'ont visité s'étant rendu auprès de monseigneur le duc de Bordeaux, pour lui faire ses adieux, lui dit qu'il avait été si bien accueilli qu'il serait tenté de revenir dans quelques mois. Revenez quand vous voudrez, lui répondit l'aimable enfant avec un ton plein de bonté à la fois et de tristesse, vous serez bien reçu ; mais nous aimerions bien mieux vous aller trouver. Vous reverrez bientôt notre beau pays, disait-il à un autre ; c'est un bonheur que je vous envie ; mais j'y retournerai, j'espère, un jour aussi.... *si vous voulez me le permettre.*

Il tourne souvent ses regards vers la France. Connaissez-vous, dit-il un jour à M. de S***, la devise de mon cachet ? lisez. C'était le refrain touchant de la romance de M. de Châteaubriand :

> Mon pays sera mes amours
> Toujours.

Ah ! s'écria le noble voyageur, si monseigneur daignait m'en accorder une empreinte pour l'apporter en France ! Comment une ? dix, si vous voulez.

Le jeune exilé pourrait bien , en chantant avec sa sœur la romance de Châteaubriand, ajouter ce couplet:

Te souvient-il de notre mère ,
Sur le sentier de la chaumière ,
Nous menant tous deux par la main,
   Ma chère ,
Et donnant au pauvre orphelin
   Du pain.

Les enfans imitent les vertus de la mère; eux aussi donnent du pain aux pauvres ; orphelins, ils ont pitié de l'orphelin et vident leur bourse pour soulager la misère. M. de Moligny raconte qu'un jour le prince n'ayant plus trouvé dans sa bourse que deux schelings, Mademoiselle entendit les exclamations que lui arracha cette fâcheuse découverte. Comment mon pauvre petit frère, lui dit-elle, vous n'avez plus que deux schelings? moi, j'ai 25 louis que m'a donnés ma tante pour ma fête ; il faut que vous me permettiez de partager avec vous. Après quelque hésitation, le prince accepta le partage et il alla trouver M. de Moligny en le priant de recevoir 10 louis pour les pauvres.

Un jour Monseigneur et Mademoiselle s'entretenaient tous seuls d'un petit malheureux qui n'a qu'une jambe et que les parens placent sur leur passage. Le pauvre enfant n'est pas vêtu et l'on croit que sa mère ne l'expose ainsi à toute la rigueur du froid que pour exciter plus efficacement la compassion. On veut l'habiller chaudement, mais on craint que la mère ne le dépouille des vêtemens qu'on lui donnera. Enfin il a été décidé dans le jeune conseil qu'on habillerait le pauvre petit et qu'on irait chez sa mère pour la menacer, si on le retrouvait encore tout nud, de cesser toute charité.

Combien j'aime cette charité, cette générosité dans les princes ! L'économie sur le trône, cette économie parcimonieuse et défiante me paraît plutôt un vice qu'une vertu. Elle décèle l'amour de l'or, si indigne d'un ame élevée, et le mépris des hommes dans ce qu'ils ont de plus cher et de plus délicat, leur honneur et leur probité.

CHAPITRE VII.

Première communion.

Le duc de Bordeaux se disposait depuis long-tems avec deux jeunes amis qui partagent son exil, à l'action la plus solennelle de la vie. Rien de touchant comme la préparation de ces trois enfans si purs, si vrais, si intelligens et si malheureux. Le jour désiré arrive ; c'est le 2 février, une foule de fidèles remplit l'étroite enceinte de la chapelle catholique. Huit heures sonnent et bientôt les deux portes latérales du chœur s'ouvrent ; celle de droite donne passage au cortége imposant du pontife et des lévites, qui, couverts de tuniques blanches, ceints de rubans rouges, marchent devant lui : par l'autre porte, on voit entrer une famille conduite par un vieillard qui en est le chef, et vêtue des costumes les plus simples ; car, dans ce lieu, si un peu de luxe est conservé, c'est seulement pour les choses saintes. Mais cette famille que ne distinguent plus la poupre et le diadême (1) vient présenter au seigneur ce qu'elle a de plus précieux, un enfant qui degagé de tous les faux brillans qui avaient d'abord entouré son berceau, n'a plus pour plaire et intéresser que ses qualités, et pour appui qu'un Dieu auquel on l'offre et qui, à son tour, s'offre à lui pour la première fois sous l'humble image du pain sacré.

____

(1) Tulerunt illum in Jerusalem ut sisterent cum Domino. Evangile de la purification.

L'enfant a des vêtemens blancs que recouvre un habit de couleur verte ; ses cheveux d'un blond tendre couronnent son large front ; son air est plein de modestie ; ses yeux sont baissés et ses longs cils reposent avec grace sur ses joues si fraîches , son cou est orné d'une fraise qui rappelle un de ses ancêtres , roi chéri du peuple, et lui donne une parfaite ressemblance avec l'image enfantine de cet illustre prince sortie du puissant ciseau du Phydias français.

Et c'est là tout ce qui captive l'attention de l'assemblée , qui se lève d'un mouvement spontané dès que le royal enfant paraît. Chaque assistant rempli d'un sentiment d'espérance , devançant dans sa pensée l'instruction sainte qu'il va entendre , repète comme le vieillard Siméon ! *C'est maintenant, Seigneur, que vous laisserez mourir en paix votre serviteur, puisque mes yeux ont vu le sauveur que vous nous donnez , et que vous destinez pour être exposé à la vue des peuples, pour être la lumière qui éclairera les nations et la gloire d'Israël.*

Le saint sacrifice commence, l'encens exhale ses parfums et monte vers le seigneur avec les vœux et les desirs d'un peuple fidèle. Le moment solennel est arrivé, bientôt le sacrifice sera consommé. Alors l'enfant marche vers l'autel guidé par son gouverneur et par le prêtre qui a disposé son jeune cœur par de saintes inspirations ; il est accompagné de ses deux amis. Ces trois jeunes aspirans à la grace divine ont franchi les degrés de l'autel et sont tombés à genoux. Le prélat a dans ses mains l'urne sainte, mais il contemple un instant ces fronts si candides abaissés devant la majesté du vrai Dieu.

Alors de religieuses et touchantes paroles sortent de sa bouche; il est ému, et comment ne le serait-il pas lui qui a assisté à tant de douleurs et qui a vu tant

de circonstances solennelles ? n'a-t-il
pas posé la plus belle couronne du monde sur l'auguste front dont ses consolan-
tes paroles avaient plus d'une fois éloigné
les sombres nuages ? N'a-t-il pas soutenu
et exhorté à bien mourir celui dont le
fils vient aujourd'hui lui demander le
pain divin ? Il y a de grandes distances
entre le deuil de la salle de l'opéra, la
merveilleuse splendeur de Reims et la
simplicité d'une pauvre chapelle d'Edimbourg. Son cœur a-t-il pu recueillir, sans
être profondement troublé, les larmes de
toute une famille, les cris déchirans d'une
veuve, les acclamations et les bénédic-
tions de tout un peuple, les hurlemens
de fureur de ce même peuple trompé, et
la touchante et naïve expression de cet
enfant qui cherche Dieu.

Le sacrifice est accompli : le seigneur
a visité ces ames si pures et des voix
d'anges ont célébré ces merveilles ; de
touchans accens de reconnaissance mon-

tent vers la voute céleste. La maison de Dieu est devenue celle d'une pieuse joie, mais avant de quitter cet asile, le tien puisqu'il est dédié au malheur, et le seul que les hommes t'ont laissé, écoute encore, précieux enfant, les dernières instructions que le prêtre te donne aux pieds des autels : soumis aux décrets de la providence, mais confiant en sa justice, il prémunit ton jeune cœur contre les chagrins et les dangers de la puissance, e^t quand sa voix plus énergique te montre la religion puissante, affermissant ton ame contre les biens du monde ou contre ses infortunes, quand il prévoit tes grandes destinées, il te rappelle alors que la couronne du roi des rois était formée d'épines.

Mais avant de quitter le saint temple, épanche, dans le sein d'une famille adorée, les vives émotions de ton ame reconnaissante, jouis de ses tendres embrassemens, essuye par tes caresses, des

larmes qui ont déjà tant coulé, livre-
toi à tout son amour ; mais conserve pur
dans ton cœur le seul mot que ne cou-
vrent pas les sanglots, le seul mot sorti
de la bouche de ta seconde mère : *Henri,
prie pour la France.*

Oui royal enfant prie , prie pour la
France où tous les cœurs généreux bat-
tent pour toi ! Prie pour la France qui
peut être un jour t'invoquera dans le
malheur et te demandera les beaux jours
de tes pères ! Prie le Dieu que reçurent
St. Louis et ton malheureux père avant
de pardonner , l'un à ses sujets , l'autre
à *l'homme qui l'avait frappé* ; prie le
Dieu qui soutenait S. Louis dans les fers
des Musulmans : prie le Dieu devant qui
s'agenouillait Philippe - Auguste avant
d'offrir sa couronne au plus digne , s'il
en était un plus digne que lui de la porter ! Prie pour la France ! Ta prière lui
portera bonheur !!

L'histoire de ta famille est celle de la

grandeur et de la miséricorde de Dieu. Prie, Henri! prie avec confiance; les Charlemagne, les Robert, les Louis, les Clotilde, les Blanche de Castille, les Elizabeth, tous les saints, tous les héros, tous les martyrs, éternel honneur de ta race et de ton pays, se joignent à tes prières. La justice divine fléchira devant les larmes que tu verses sur ta patrie et la pauvre France reverra des jours de bonheur.

Le fils d'un martyr et d'une héroïne, le descendant de tant de rois, de princes, de guerriers sans peur et sans reproche, de tant de sages et de législateurs se souviendra des devoirs que sa naissance lui impose. Aime toujours la France, Henri, aime-la comme l'aimait ton père. Rappelle-toi que sur ta seule tête repose désormais l'honneur des antiques fleurs de lis et de ce glorieux drapeau qui s'éleva pour la première fois, lorsqu'un insolent étranger osa usurper le titre de roi de France, quand les vieilles bandes d'Edouard inondaient nos provinces dés olées. Henri, le drapeau de tes pères est demeuré sans tache : la conquête d'Alger a renouvellé son antique gloire ; c'est à toi qu'il appartient d'en conserver l'éclat. Regarde ces nobles fleurs de ton blason ; elles sont telles que soixante-cinq rois te les ont transmises ; ce ne sont pas les armes qui ont été souillées par les mains impures des forçats. Songe à cette immense héritage de gloire que quatorze siècles t'ont légué. Henri ! le ciel attend de toi des efforts de vertu qui surpassent, s'il se peut, tous ceux des grands hommes de ta race, il faut que la France entende parler de toi, et que tout cœur généreux batte d'orgueil et de plaisir quand ton nom sera prononcé. Oui, Henri ! tu seras bon et juste comme saint Louis, brave comme le grand roi ; brave comme le Béarnais et comme ce Vendôme qui sauva la France du joug espagnol après le désastre de Pavie ; tu aimeras la liberté comme l'aimèrent ces princes qui affermirent nos ancêtres et fondèrent le magnifique édifice de nos communes et de nos états provinciaux ; tu seras grand homme. Alors que les desseins de la providence s'accomplissent, et si tu ne dois plus revoir la terre de France, ce ne sera plus sur toi qu'il faudra pleurer...

Après la cérémonie, l'auguste ayeul prenant le jeune prince entre ses bras, lui a adressé des avis paternels avec une noblesse et un sentiment exquis, comme aux plus beaux jours de sa vie : « tes destinées, mon cher enfant, peuvent être bien grandes, tes devoirs bien difficiles ; si jamais tu sens le poids des tribulations et des peines inséparables de ta condition, la pensée du 2 février te donnera de la force. »

Le royal enfant a répondu à tout avec

un sens, une délicatesse, une sensibilité qui ravissait tout le monde. Quelqu'un lui ayant demandé ce qu'il voulait faire dire aux personnes qui avaient pris en France un si vif intérêt à sa première communion, il écrivit ce peu de mots qu'on nous a transmis et qui ont bien leur prix aux yeux d'un Français : « je veux que toutes les personnes qui ont eu la charité de prier pour moi à cette occasion sachent combien je suis reconnaissant et que je ne les ai pas oubliées devant Dieu, dans ce beau jour. Si mes prières ont été exaucées, Dieu bénira la France. »

FIN.

9 782014 053562